Inhalt

So wird's gemacht

Ankerknoten oder Einhängen der Fäden

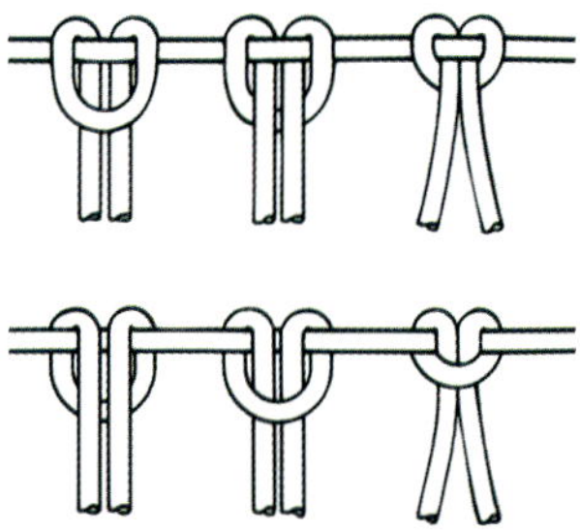

Für einen Ankerknoten oder zum Einhängen wird der Faden meistens gemittelt, d. h. beide Fadenenden sind nach dem Einhängen gleich lang.

Ankerknoten von hinten: Den Faden doppelt legen (mitteln) und die so entstandene Schlinge unter den Trägerfaden, Ring etc. legen, die Schlinge nach vorne über den Faden schieben und beide Fadenenden durch diese Schlinge ziehen.

Ankerknoten von vorne: Die Schlinge auf den Trägerfaden legen und die Fadenenden hinter dem Trägerfaden durch diese Schlinge ziehen.

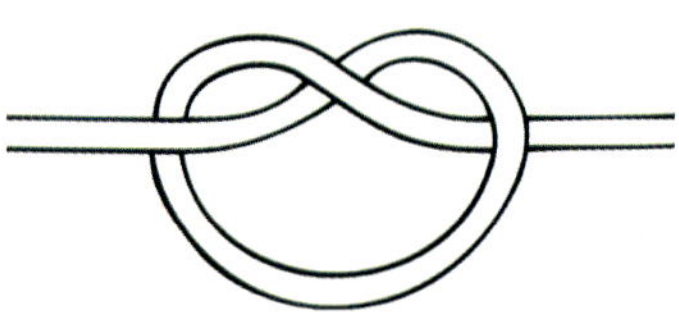

Überhandknoten

Mit einem Fadenende eine Schlinge legen und das kurze Fadenende durch die Schlinge ziehen. Dieser Knoten kann vor dem Festziehen noch gut an die richtige Stelle verschoben werden.

Zu Beginn einer Knüpfarbeit können die Fadenenden mit diesem Knoten (manchmal auch nur vorübergehend) versehen werden, damit die Enden nicht ausfransen.

Du kannst den Überhandknoten mit einem oder mehreren Fadenenden zusammen knoten.

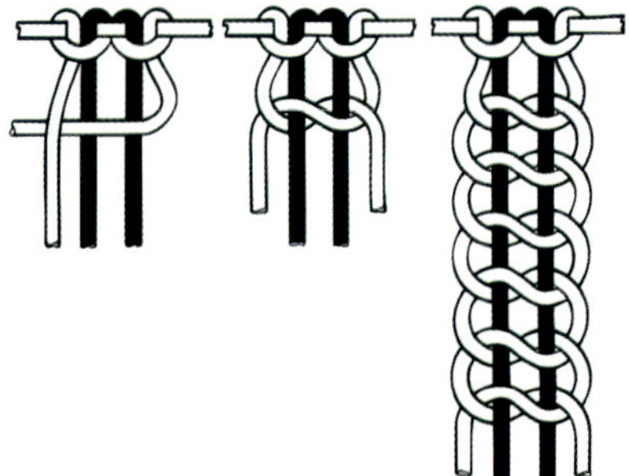

Wellenknoten

Den rechten Knüpffaden in einem Bogen waagrecht über die mittleren Leitfäden (schwarze Fäden), den linken Knüpffaden senkrecht darüber legen. Den linken Knüpffaden hinter den Leitfäden durch die rechte Schlinge ziehen. Beide Knüpffäden waagrecht zur Seite anziehen – Leitfäden straff spannen.

Wenn du mit dem rechten Faden beginnst, bekommt der Knotenstrang nach vier bis fünf Knoten einen Drang nach links. Dann den Wellenknotenstrang einmal nach links drehen und genauso wie davor weiterknüpfen. Immer wieder drehen lassen und von der gleichen Seite weiter knüpfen. Die Fadenenden nach jedem Knoten gleichmäßig anziehen.

Beginnst du den Knotenstrang mit dem linken Faden, dann dreht sich der Strang nach rechts.

Kreuzknoten

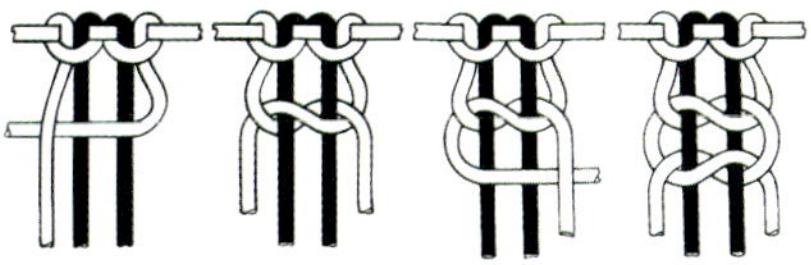

Ein Kreuzknoten besteht immer aus zwei Knotenteilen, einmal von rechts und einmal von links.

Den 1. Knotenteil wie den Wellenknoten knüpfen (von rechts). Danach den 2. Knotenteil von der linken Seite knüpfen: Mit dem linken Faden die Schlinge waagrecht über die Leitfäden (schwarze Fäden) und den rechten Knüpffaden senkrecht darauf legen. Mit dem rechten Knüpffaden unter den Leitfäden durch die Schlinge nach links ziehen. Leitfäden straff spannen. Knüpffäden zur Seite hin anziehen.

Kreuzknoten aus 2 Fäden

Überkreuze zwei Fäden: lege den rechten Faden über den linken und diesen Faden hinter dem unteren Faden wieder nach vorne (1 Schlinge). Für die 2. Schlinge überkreuzt du wieder die Fäden sodass der linke Faden oben liegt und ziehst diesen hinter dem unteren Faden wieder nach vorne. Der Knoten hat nun auf der linken Seite eine senkrechte Öse am Rand und sieht aus wie der Kreuzknoten. Nun den Knoten straff anziehen.

Sieht der Knoten aus wie 2 Wellenknoten ist er falsch geknüpft und geht auf.

Fäden mit Kreuzknoten anknüpfen

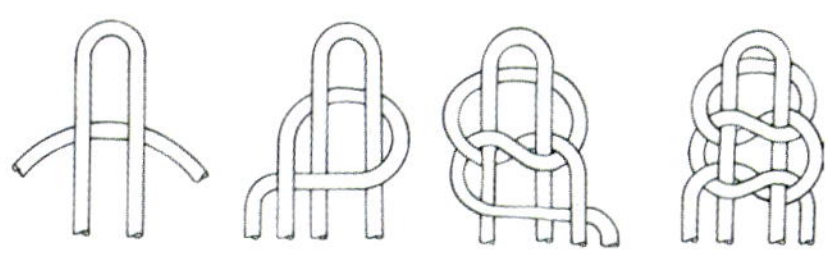

Den Knüpffaden mitteln, so dass beide Fadenenden gleich lang sind, und hinter (unter) die Leitfäden legen. Mit einem straffen Kreuzknoten anknüpfen. Darauf achten, dass auch die Mitte des Knüpffadens genau hinter den Leitfäden liegt sonst kann es sein, dass am Ende der Knüpfarbeit ein Fadenenden zu kurz ist.

Rippenknoten

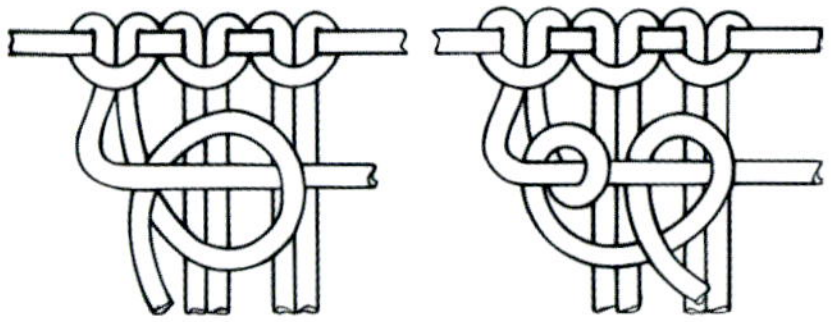

Der Rippenknoten wird fast immer aus 2 Fäden, einem Leit- und einem Knüpffaden gearbeitet. Der Leitfaden muss immer straff gespannt sein. Als Leitfäden können auch mehrere Fäden, parallel nebeneinander gelegt, verwendet werden (siehe Herz)

Der Leitfaden bestimmt die Form des Rippenknotenbandes. Den Leitfaden immer auf die Knüpffäden legen. Mit einer Hand den Leitfaden straff halten und mit der anderen Hand den Knüpffaden zweimal gleichmäßig um den Leitfaden schlingen. Wird eine waagrechte Rippenknotenreihe geknüpft, den Leitfaden beim Festziehen nicht waagrecht, sondern leicht nach oben halten.

Kettknoten

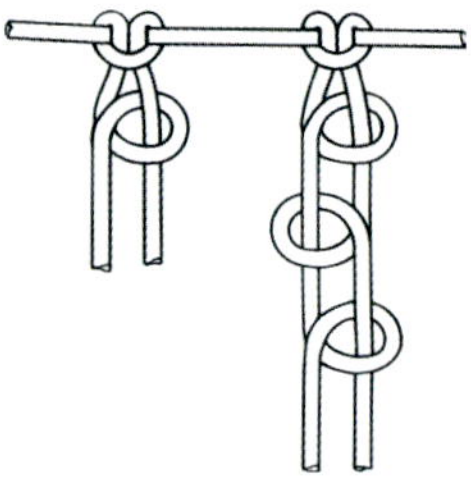

Dieser Knoten wird aus 2 Fäden geknüpft. Der rechte Faden ist der Leitfaden, dieser muss unbedingt straff gespannt sein. Den linken Faden als Knüpffaden darauf legen und hinter dem Leitfaden nach oben durchziehen.

Das gleiche nun zur anderen Seite knüpfen. Jetzt ist der linke Faden der Leitfaden und mit dem rechten Faden wird die Schlinge gelegt. Die Kettknoten immer vorsichtig anspannen, nicht zu fest, am besten das Knötchen mit dem Finger zur Seite streichen. So im Wechsel fortfahren, bis die gewünschte Länge bzw. Knotenanzahl erreicht ist. Du kannst entweder mit rechts oder links beginnen. Es ist jedoch wichtig, dass du immer mit der gleichen Seite beginnst. Bei jeder Schlinge wird zwischen Leit- und Knüpffaden gewechselt.

Kapuzinerknoten als Abschlussknoten

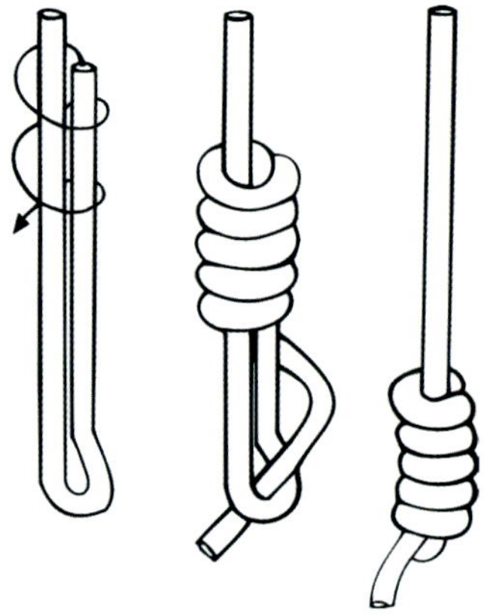

Der Kapuzinerknoten wird immer nur mit einem Faden gelegt. Das Fadenende nach oben zu einer Schlinge legen und von oben her die Schlinge mehrmals mit dem gleichen Faden umwickeln. Das Fadenende durch die Schlinge ziehen und vorsichtig den ganzen Knoten nach unten schieben, sodass die Schlinge verdeckt wird.

TIPPS

Leitfaden und Knüpffaden

Bei den meisten Knoten wird zwischen Leit- und Knüpffaden unterschieden. Die Leitfäden sollten immer gespannt sein und verlieren kaum an Länge. Die Knüpffäden werden um die Leitfäden geknotet und werden so immer kürzer.

Knüpfbrett

Wichtig ist, dass du deine Knüpfarbeit entweder auf einem Korkbrettchen oder einfach auf einem Sofakissen mit langen Makrameenadeln fixierst, damit deine Knüpfarbeit schön gleichmäßig wird. Während dem Knüpfen immer wieder nachstecken. Es ist viel einfacher und leichter eine gleichmäßige Arbeit zu erhalten, wenn die Knüpfarbeit gut festgesteckt ist. Blumenampeln sind leichter im Hängen bzw. an einem Stuhl angebunden zu knüpfen damit die einzelnen Stränge gleich lang abgestimmt werden können. Ist ein Strang etwas länger, einfach die Knoten etwas nach oben schieben.

Lange Fäden aufwickeln

Jedes Fadenende, nach dem Einhängen an einem Ast oder Ring, sorgfältig um Daumen und Zeigefinger über Kreuz spannen und mit einem Gummi zusammenhalten. Beim Knüpfen kannst du immer wieder langsam ein kleines Stück Faden vorsichtig herausziehen.

Ausfransen vermeiden

Bei den gedrehten Makrameegarnen ist es sinnvoll, diese am Fadenende mit einem kleinen Überhandknoten zu versehen, damit das Garn nicht zu sehr ausfranst.

Größen- und Materialvariationen

Die meisten Modelle kannst du in Größe, Fadenanzahl und Garnstärke abwandeln. Hier ist es sinnvoll, wenn du dir ein kleines Musterband mit einigen Knoten knüpfst, dann kannst du dir die Länge des benötigten Garns ausrechnen. Vergiss nicht die Fadenlänge zu verdoppeln, da du die Fäden doppelt einhängst, bzw. mittelst. Werden die Knüpffäden zu kurz, kannst du sie auch mit den Leitfäden tauschen.

Schwierigkeitsgrade

Bunter Regenbogen

für gute Laune

DU BRAUCHST

- Makrameegarn, gedreht, ø ca. 3,5 mm
  - 2 Fäden in Natur, je 28 cm lang
  - 1 Faden in Natur, 2,6 m lang
  - 2 Fäden in Gelb, je 30 cm lang
  - 1 Faden in Gelb, 2,8 m lang
  - 2 Fäden in Pink, je 33 cm lang
  - 1 Faden in Pink, 3,1 m lang
  - 2 Fäden in Grün, je 35 cm lang
  - 1 Faden in Grün, 3,3 m lang
- Garnrest für Aufhängung
- ggf. Häkelnadel

GRÖßE: CA. 18 CM BREIT, 15 CM HOCH

1 Lege die beiden kurzen Fäden in Natur parallel nebeneinander und knüpfe den langen Faden mit einem Wellenknoten so an, dass beide Knüpffäden gleich lang sind. Knüpfe insgesamt 44 Wellenknoten.

2 Beginne das gelbe Band genauso und knüpfe 26 Wellenknoten. Jetzt delst du mit den Fingern einen Knüpffaden durch die 22. Öse am naturfabenen Wellen-knotenband (A). Knüpfe nun weitere 26 Wellenknoten (B).

3 Knüpfe das pinkfarbene Band genauso, ziehe jedoch erst nach 30 Wellenknoten einen Knüpffaden durch die 26. Öse am gelben Band. Nun knüpfst du die restlichen 30 Wellenknoten.

4 Das grüne Wellenknotenband knüpfst du mit 34 Knoten und ziehst den Knüpffaden wieder durch die 30. Öse am pinkfarbenen Band. Dann 34 weitere Knoten knüpfen.

5 Die beiden Knüpffäden an jedem Band sicherst du am Ende mit einem Kreuzknoten aus 2 Fäden. Den Knoten sehr fest anziehen. Fadenenden nach ca. 3-4 cm abschneiden und ausfransen.

6 Das Aufhängeband kannst du ebenfalls mit der Häkelnadel durch das grüne Wellenknotenband einziehen und in beliebiger Länge abschneiden.

Wenn du zum Verbinden der Wellenknotenbänder die Fäden mit den Fingern nicht durchfädeln kannst, nimm eine Häkelnadel zur Hilfe.

Wandbehang

eine hübsche Verzierung

1 Am Holz hängst du die langen Fäden in der Mitte und die beiden kurzen am Rand so ein, dass alle Fadenenden gleich lang sind. Zwischen den einzelnen Knotenreihen immer etwas Abstand lassen und darauf achten, dass die Fäden am Rand immer gleichmäßig gespannt und auf beiden Seiten gleich lang sind. Die Knüpfarbeit bzw. die einzelnen Knoten mit Nadeln immer gleichmäßig feststecken

2 Knüpfe aus je 4 Fäden 3 Kreuzknoten nebeneinander.

3 Lasse jeweils am Rand 2 Fäden hängen und knüpfe in der Mitte 2 Kreuzknoten.

4 Am Rand jeweils 4 Fäden hängen lassen und in der Mitte einen Kreuzknoten knüpfen.

5 Spanne die mittleren 4 Fäden und knüpfe nach ca. 1,5 cm wie in Punkt 4 aus diesen Fäden einen Kreuznoten.

6 Lasse am Rand je 2 Fäden hängen und knüpfe aus den mittleren 8 Fäden 2 Kreuzknoten.

7 Danach aus allen Fäden 3 Kreuznoten nebeneinander knüpfen. Punkt 3 und 4 einmal wiederholen.

8 Das Muster von Punkt 5 bis Punkt 7 noch zweimal wiederholen.

9 Die Fadenenden kannst du nach ca. 17 cm mit Überhand- oder Kapuzinerknoten versehen.

10 Knote den kurzen Faden für die Aufhängung an einer Seite des Treibholzes mittig mit einem Überhandknoten an. Nach 20 bis 25 cm am anderen Holzende einen Faden um das Holz legen und beide Fäden mit einem straffen Überhandknoten zusammenknoten. Auf der Rückseite die Fadenenden abschneiden und mit Klebstoff sichern.

Du brauchst

- 4 Fäden Makramee-Garn in Lila, geflochten, ø 5 mm, je 3 m lang
- 2 Fäden, Makramee-Garn in Lila, geflochten, ø 5 mm, je 2,3 m lang
- 1 Faden Makramee-Garn in Lila, geflochten, ø 5 mm, 1 m lang (Aufhängung)
- 1 Holz- oder Treibholzstück, ca. 16 cm lang
- ggf. UHU Alleskleber Kraft

Größe:
ca. 60 cm mit Fransen und Aufhängung

Mit einem dünneren Garn, 3,5 mm (4 x 1,8 m, 2 x 1,3 m) und einem kleinen Holzring (ø 4 cm) kannst du auch einen kleineren Wandbehang knüpfen wie auf dem Titelbild.

Haarband

mit Perlen verziert

1 Nimm alle 6 Fäden und binde sie am Rand nach ca. 15 cm mit einem lockeren Überhandknoten zusammen (dieser wird nach Punkt 2 wieder aufgelöst).

2 Knüpfe aus 2 Knüpf- und 4 Leitfäden 2 Kreuzknoten.

3 Lege die beiden mittleren Fäden jeweils schräg nach außen und knüpfe jeweils 2 Rippenknoten.

4 Aus den 4 mittleren Fäden fertigst du nun einen Kreuzknoten an.

5 Schließe die Raute wieder mit je 2 Rippenknoten. Dabei legst du den rechten Faden als Leitfaden schräg zur Mitte auf die beiden danebenliegenden Fäden und knüpfst darüber 2 Rippenknoten.

6 Von der linken Seite arbeitest du ebenfalls 2 Rippenknoten schräg zur Mitte. An diesen Leitfaden knüpfst du den Leitfaden der rechten Seite mit an.

7 Wiederhole nun die Rauten. Du knüpfst von der Mitte nach außen jeweils 2 Rippenknoten, in der Mitte einen Kreuz- und von außen zur Mitte wieder 2 Rippenknoten. Dabei immer den Leitfaden der rechten Seite mitanknüpfen.

8 Nach ca. 8 Rauten kannst du anstelle des Kreuzknotens die beiden mittleren Fäden durch eine Perle fädeln. 7 Rauten mit Perlen knüpfen und dann 8 weitere Rauten ohne Perlen fertigen.

9 Lege für den Abschluss die beiden Stränge parallel gegeneinander. Nimm 2 lange Fäden von einem Strang und knüpfe über alle 10 Leitfäden 3 Kreuzknote als (mit Leerzeichen) Verschluss. Beginne direkt hinter den beiden bestehenden Kreuzknoten. Die Knüpffäden sicherst du am Knoten mit je einem Überhandknoten.

Ziehst du an den 6 Leitfäden, kannst du die Größe deines Haarbandes individuell verschieben. Schneide die Fadenenden ab und sichere sie mit Überhandknoten.

TIPP

Du kannst nun jedes Fadenende mit Perlen versehen und die Fadenenden lang lassen. Achte darauf, dass die eine Seite länger bleibt, da an dieser das Haarband in der Größe verstellt wird. Die Seite, mit der die 3 Kreuzknoten geknüpft wurden, lässt sich nicht verschieben.

DU BRAUCHST

- 6 Fäden Makramee-Garn in Natur, gedreht, ø ca. 2 mm, je 2,5 m lang
- 7 Glasperlen in Türkis, ø ca. 8 mm

GRÖẞE
RAUTENMUSTER CA. 55 CM + VERSCHIEBBARER VERSCHLUSS

Du brauchst

- Baumwollgarn, gezwirnt, ø 3 mm
- 1 Faden in Grün, 5,5 m lang
- 1 Faden in Gelb, 4 m lang
- 1 Faden in Grün, 3,2 m (Aufhängung)
- je 1 Metallring, ø 15 cm und ø 10 cm
- Kartonrest

Größe
ca. 15,5 cm + Aufhängung

Bilderrahmen

für deine schönsten Erinnerungen

1 Lege den kleinen Ring auf einen Karton, umfahre diesen mit einem Stift und schneide den Kreis aus. Dies ist die Schablone für das Foto, das später hinter den Ring geklebt wird.

2 Mittle den gelben Faden, lege ihn unter den kleinen Metallring und knüpfe ihn mit einem Wellenknoten an.

Prüfe ob beide Fadenenden genau gleich lang sind. Evtl. kannst du jeden Faden vom Fadenende her zwischen kleinem Finger und Daumen aufwickeln und mit einem Gummi fixieren. So können die Fäden während des Knüpfens immer wieder nachgezogen werden.

3 Nun kannst du den ganzen Ring mit Wellenknoten umknüpfen. Wichtig dabei ist, dass du immer von der gleichen Seite beginnst.

Die Wellenknoten drehen sich um den Ring. Hast du den ganzen Ring umknüpft, prüfe, ob die Wellen gleichmäßig um den Ring verlaufen und drehe sie ggf. etwas.

Ziehe am Schluss das Fadenende durch die Anfangsschlinge des 1. Wellenknotens. So ist der Ring komplett umschlossen. Hier kannst du auch eine Häkelnadel zu Hilfe nehmen.

4 Umknüpfe den großen Metallring mit dem grünen Faden auf die gleiche Weise. Ziehe am Schluss das Fadenende wieder durch den Anfangsknoten.

5 Lege nun beide Ringe so ineinander, dass ein gelber Faden unter und ein gelber Faden auf dem grünen Ring liegt. Lege den grünen (3,2 m) Faden mittig unter die grünen und gelben Fäden (direkt am grünen Ring) und knüpfe ca. 44 Wellenknoten als Aufhängung. Die 4 mittleren Fäden sind die Leitfäden. Alle 6 Fäden nach ca. 3 cm mit einem Überhandknoten versehen. Fadenenden abschneiden.

6 Jetzt kannst du dein Foto auf die Schablone legen, ausschneiden und hinter den gelben Ring kleben.

Püppchen

zum Spielen und Liebhaben

1 Lege die 3 kurzen Fäden jeweils zu einer Schlinge und ziehe diese 3 Schlingen durch das Loch in der Holzkugel. Dazu hältst du die Kugel fest und drehst die Schlingen in die Kugel. Du kannst auch ein Stückchen Draht durch die Schlingen legen und mit einer Zange den Draht samt Schlingen durch die Öffnung der Kugel ziehen. Die Fadenanzahl kannst du beliebig verändern, je nachdem, wieviel Fäden du durch die Holzkugel ziehen kannst.

2 Fädle den Schlüsselring auf.

3 Lege den 80 cm langen Faden mittig hinter alle Fäden. Knüpfe den lagen Faden mit einem Wellenknoten an. Drehe den Faden so, dass der Knoten auf der Rückseite sichtbar ist. Auf jeder Seite einen Faden als Arm nach oben legen und darunter mit den beiden längsten Fäden als Knüpf- und den restlichen Fäden als Leitfäden 5 Kreuzknoten knüpfen.

4 Versieh die beiden Arme mit je einem festen Überhandknoten. Sie sind genauso lang wie das Kreuzknotenband für den Körper.

5 Für die Beine die Anzahl der Fäden halbieren und jeweils mit den beiden längsten Fäden als Knüpf- und den restlichen Fäden als Leitfäden 4 Kreuzknoten fertigen.

6 Lege aus den beiden Knüpffäden jeweils einen Überhandknoten und ziehe die Leitfäden durch den Knoten. Knoten und Leitfäden fest anziehen. Alle Überhandknoten kannst du auf der Rückseite mit etwas Klebstoff zusätzlich fixieren, da Satinband sehr glatt ist.

7 Mit den Farbstiften das Gesicht aufmalen.

Du brauchst

- 3 (4 oder 5) Fäden Makramee-Garn aus Satin in Gelb, Orange, Rot oder Lila, ø ca. 2 mm, je 60 cm lang
- 1 Faden Makramee-Garn aus Satin in Gelb, Orange, Rot oder Lila, ø ca. 2 mm, 80 cm lang
- 1 Holzkugel, ø 2 cm mit großem Loch
- evtl. Farbstifte zum Aufmalen des Gesichts
- 1 Schlüsselring ø 2,5 cm
- UHU Alleskleber Kraft

Größe
ca. 13 cm mit Ring

Du kannst die Püppchen auch ohne Schlüsselring herstellen und die Haare nach Belieben zu Zöpfchen flechten oder mit einer Schleife schmücken, dann einfach die Fäden etwas länger schneiden.

Du kannst dir auch ein passendes Armband aus versetzten Kreuzknoten dazu knüpfen.

Halskette

ein echter Hingucker

1 Hänge am langen Faden in der Mitte die kurzen Fäden ein, sodass alle kurzen Fadenenden gleich lang sind.

2 **1. Reihe:** Knüpfe aus je 4 Fäden einen Kreuzknoten, das insgesamt 4 Kreuzknoten vor dir liegen.
2. Reihe: Lass am Rand jeweils 2 Fäden hängen und knüpfe versetzt unter die 1. Reihe 3 weitere Kreuzknoten.
3. Reihe: Am Rand lässt du nun an jeder Seite 4 Fäden hängen und knüpfst nur noch 2 Kreuzknoten.
4. Reihe: Am Rand bleiben an jeder Seite 6 Fäden hängen und in der Mitte knüpfst du nur noch einen Kreuzknoten.

3 Bis auf die beiden mittleren Fäden sicherst du alle Fäden mit einem Überhandknoten direkt unter dem letzten Kreuzknoten ab.

4 Auf die mittleren 4 Fäden fädelst du jeweils eine Perle auf und sicherst diese nach ca. 4 cm wieder mit einem straffen Überhandknoten. Die restlichen Fäden ebenfalls nach ca. 3 cm mit einem Überhandknoten versehen. Du kannst alle Überhandnoten, zusätzlich mit etwas Klebstoff auf der Rückseite sichern. Der Klebstoff sollte aber nicht auf der Vorderseite sichtbar sein.

5 Beide langen Fadenenden knüpfst du mit einem Kreuzknoten aus 2 Fäden zusammen. Die Fadenenden werden mit Überhandknoten gesichert.

Du brauchst

- 1 Faden Makramee-Garn aus Satin in Gelb oder Rosa, ø ca. 2 mm,1 m lang
- 8 Fäden Makramee-Garn aus Satin in Gelb oder Rosa, ø ca. 2 mm, je 0,5 m lang
- 4 Glasperlen ca. 8 mm mit großem Loch
- ggf. UHU Alleskleber Kraft

Größe

ca. 7 cm x 4 cm ohne Fransen

Schlüsselanhänger

ein täglicher Begleiter

Du brauchst

Gelber Schüsselanhänger

- 2 Fäden Makramee-Garn in Natur, gedreht, ø ca. 3,5 mm, je 27 cm lang
- 1 Faden Makramee-Garn in Gelb, gedreht, ø ca. 3,5 mm, 1 m lang
- 1 Schlüsselring oder Karabiner

Größe
ca. 17 cm mit Karabiner

Bunter Schlüsselanhänger

- Makramee-Garn, gedreht, ø 3,5 mm
- je 1 Faden in 3 Faben, je 1 m lang
- 1 Schlüsselring oder Karabiner

Größe
ca. 20 cm x 3 cm mit Karabiner

Gelber Schlüsselanhänger

1 Hänge die beiden kurzen Fäden mittig am Karabiner mit einem Ankerknoten ein.

2 Lege den gelben Faden waagrecht hinter die beiden kurzen Fäden. Die Fadenenden sollen gleich lang sein. Knüpfe nun 8 Kreuzknoten, sodass zwischen jedem Knoten die Leitfäden sichtbar sind.

3 Die Knüpffäden mit einem Kreuzknoten aus 2 Fäden verbinden, alle Fadenenden abschneiden und ausfransen.

Bunter Schlüsselanhänger

1 Lege jeden Faden auf die Hälfte und hänge sie am Schlüsselring mit einem Ankerknoten ein.

2 Nimm den rechten Faden als Leitfaden, lege ihn über die restlichen 5 Fäden und knüpfe eine Reihe Rippenknoten schräg nach links.

3 Die 2. Reihe beginnst du wieder mit dem rechten Faden als Leitfaden und knüpfst dicht an die 1. Reihe 5 weitere Rippenknoten. Die 3. Reihe wird genauso von rechts begonnen und in jeder Reihe wird der Leitfaden der vorherigen Reihe mit angeknüpft.

4 Knüpfe mit den rechten 5 Fäden einen Kreuzknoten. 3 Fäden liegen dabei in der Mitte. Achte darauf, dass der Kreuzknoten waagrecht liegt.

5 Den linken Faden verwendest du nun als Leitfaden für eine weitere Rippenknotenreihe nach rechts außen. Dabei den Leitfaden leicht nach unten halten, damit die Rippenknotenreihe schräg verläuft. Schließe nun dicht daran zwei weitere Reihen Rippenknoten an, jeweils mit dem linken Leitfaden beginnend.

6 Jedes Fadenende kannst du nach dem letzten Rippenknoten mit einem straffen Überhandknoten sichern. Alle Fadenenden nach ca.4-6 cm abschneiden und ausfransen.

TIPP

Wenn dir die Überhandknoten nicht gefallen, kannst du auch die letzte Rippenknotenreihe straff anziehen und die Fäden gleich ausfransen, dabei auf der Rückseite die letzte Knotenreihe mit etwas Klebstoff fixieren.

Du brauchst

- 6 Fäden Makramee-Garn in Helltürkis, geflochten, ø 5 mm, je 6,5 m lang
- 6 Fäden Makramee-Garn in Dunkeltürkis, geflochten, ø 5 mm, je 6,5 m lang
- 1 Holzring, ø 5 cm
- 1 Kunststoffschale, ø ca. 38 cm

Größe

ca. 90 cm mit Fransen

Möchtest du die Ampel etwas länger knüpfen, nimm einfach längere Fäden oder lass die Kapuzinerknoten weg und knüpfe dafür einige Kreuzknoten mehr.

Spielzeugampel

für deine Lieblingssachen

1 Alle Fäden so über den Holzring legen, dass sie beidseitig gleich lang sind.

2 Knüpfe 26 Kreuzknoten aus je einem hellen und dunklen Leit- und aus je einem hellen und dunklen Knüpffaden. Um das gleiche Muster wie auf dem Foto zu erhalten wird der Kreuzknoten rechts mit einem dunklen Knüpffaden begonnen. Der helle Knüpffaden liegt links.

3 Lass 1 cm Abstand und knüpfe einen Erbsknoten aus 3 Kreuzknoten.

4 Lege die Leitfäden nach oben und ziehe sie zwischen den gespannten Fäden durch, sodass sich eine Erbse formt.

5 Nun werden die Leitfäden mit den Knüpffäden gewechselt. Lege jetzt die beiden kurzen Fäden als Leitfäden in die Mitte und knüpfe mit den beiden langen Fäden (rechts dunkel – links hell) einen sehr straffen Kreuzknoten. Knüpfe darunter weitere 22 Kreuzknoten.

6 Wiederhole die Punkte 2-5 damit insgesamt 6 Stränge vor dir liegen.

7 Anschließend aus je 2 gleichfarbenen Fäden 5 Kettknoten knüpfen.

8 Verbinde nun versetzt je 2 Kettknotenbänder mit einem Kreuzknoten.

9 Teile die 4 Fäden wieder und knüpfe nochmal 2 Kettknotenbänder wie in Punkt 7 und 8.

10 Knüpfe mit den beiden längsten Fäden über alle restlichen Fäden als Leitfäden 5 Wellenknoten und fixiere die beiden Knüpffäden mit je einem straffen Überhandknoten.

11 Wenn deine Fadenenden lang genug sind, kannst du an jedes Fadenende einen Kapuzinerknoten knüpfen, du kannst aber auch mit Überhandknoten an den Fadenenden abschließen

Armband

für die Freundschaft

1 Alle 4 Fäden parallel legen und nach ca. 20 cm mit einem Überhandknoten verbinden. Die beiden gelben Fäden liegen links, die pinkfarbenen rechts.

2 Lege den linken gelben Faden als Leitfaden schräg nach rechts über die restlichen 3 Fäden und fertige 3 Rippenknoten. Jede Reihe wird links begonnen, d. h. in jeder Reihe ist der linke äußere Faden der Leitfaden. Der Leitfaden der vorherigen Reihe wird in jeder Reihe mit angeknüpft. 18 Reihen dicht aneinander knüpfen.

3 Fertige aus den linken 3 Fäden einen Kreuzknoten und lass den rechten Faden hängen. Mit diesem Faden als Leitfaden knüpfst du nun 18 Reihen Rippenknoten, dieses Mal immer von rechts nach schräg links.

4 Löse den Überhandknoten. Du kannst natürlich beidseitig noch Rippenknotenreihen anfügen, falls dein Armband zu kurz ist.

5 Lege beide Enden des Bandes für den Abschluss im Kreis gegeneinander. Knüpfe aus 2 x 2 Leitfäden über die 4 Fäden der anderen Seite 3 Kreuzknoten und sichere die Knüpffäden beidseitig mit je einem Überhandknoten. Die anderen 4 Fäden kannst du nach ca. 10 cm mit Perlen versehen oder mit einzelnen Überhandknoten sichern. So lässt sich das Armband immer in der Größe verschieben.

TIPP

Du kannst das Band auch mit Makrameegarn in Leuchtfarben knüpfen und anstelle des Kreuzknotens fädelst du 3 Perlen über alle 4 Fäden.

DU BRAUCHST

- je 2 Fäden Makramee-Garn aus Satin in Gelb und Pink, ø 1 mm, 110 cm lang

GRÖẞE
CA. 20 CM LANG

Du brauchst

- je 2 Fäden Makramee-Garn in Orange und Gelb, gedreht, ø 3,5 mm, ca. 5,5 m lang
- je 1 Faden Makramee-Garn in Orange und Gelb, gedreht, ø 3,5 mm, ca. 22 m lang
- 1 Karabiner, ca. 6,5 cm lang
- Garnrest
- Haushaltsgummi
- ggf. UHU Alleskleber Kraft

Größe

ca. 1,75 m lang

Hundeleine

schick für die Gassirunde

1 Lege die 4 kurzen Fäden so über den Karabinerring, dass alle 8 Fadenenden gleich lang sind. Binde alle Fäden vorübergehend mit einem Garnrest zusammen. Beidseitig daneben legst du je einen langen Faden, sodass alle Fäden gleich lang sind.

2 Wickle 2 lange (gleichfarbige) Fäden zwischen Daumen und kleinem Finger auf und fixiere das Bündel mit einem Gummi. Die 8 mittleren Fäden sind die Leitfäden und die aufgewickelten langen Fäden die Knüpffäden.

3 Knüpfe aus je 2 Knüpffäden von rechts und 2 Knüpffäden von links über die mittleren Leitfäden 115 feste Kreuzknoten. Dabei immer vorsichtig die Knüpffäden aus dem Gummi nachziehen. Evtl. zwischendurch wieder neu aufwickeln.

4 Knüpfe aus je 6 Fäden (2 Knüpf- und 4 Leitfäden) zwei Bänder mit 18 Kreuzknoten.

5 Spanne nun alle Fäden ca. 10 cm und knüpfe weitere 34 Kreuzknoten aus den langen Knüpf- und den kurzen Leitfäden.

6 Das Knotenband (34 Knoten) zu einer Schlaufe legen und mit ca. 11 sehr straffen Kreuzknoten auf den gespannten Fäden anknüpfen. Lege aus je einem Leit- und 2 Knüpffäden beidseitig je einen sehr straffen Überhandknoten. Die Fadenenden abschneiden. Die Überhandknoten können zusätzlich mit etwas Klebstoff fixiert werden.

TIPP

Bei der Hundeleine empfehle ich ein kleines Musterstück mit 5 bis 10 Kreuzknoten zu knüpfen und die entsprechende Fadenlänge auszurechnen. Die Leine kann natürlich auch nach Belieben verlängert oder kürzer geknüpft werden, je nach Restfadenlänge.

Glockenspiel

klingender Wandschmuck

1 Hänge alle 4 blauen Fäden am Holzstab ein, sodass alle Fadenenden gleich lang sind. Den grauen Faden hängst du in der Mitte ein.

2 Die grauen Fäden sind die Leitfäden für die Rippenknoten, die von der Mitte waagrecht nach außen geknüpft werden. Lege den rechten grauen Faden auf die 4 blauen Fäden und knüpfe nach rechts 4 Rippenknoten. Den linken Faden legst du nach links und knüpfst ebenfalls 4 Rippenknoten. Der Leitfaden liegt grundsätzlich immer auf den Knüpffäden.

3 Knüpfe die 2. bis 5. Reihe nach dem gleichen Prinzip wie in Punkt 2. Achte darauf, immer den Leitfaden der vorherigen Reihe mitanzuknüpfen.

4 Die nächsten 5 Reihen knüpfst du nun jeweils von außen zur Mitte. D. h. du legst immer den äußeren Faden als Leitfaden zur Mitte und beginnst außen mit den Rippenknoten.

5 Knüpfe mit dem rechten grauen Faden nun eine Rippenknotenschlinge auf den linken grauen Faden. Daher siehst du in der Mitte nur eine graue Schlinge (nicht 2 wie bei Rippenknoten üblich)

6 Punkt 2 bis 5 einmal wiederholen.

7 Knüpfe für den Abschluss mit den beiden äußeren Fäden als Knüpf- und den restlichen Fäden als Leitfäden einen Kreuzknoten. Die beiden Knüpffäden direkt am Kreuzknoten mit jeweils einem Überhandknoten sichern.

8 Die Fadenenden kannst du nach ca. 25 cm einfach abschneiden. Alternativ kannst du auch jedes Fadenende mit einem Überhandknoten versehen oder mit Kapuzinerknoten verzieren.

9 Ganz zum Schluss werden die Glocken mit den weißen Fäden jeweils in der Mitte angeknotet.

Du brauchst

- 4 Fäden Makramee-Garn in Blau, geflochten, ø 5 mm, je 4,5 m lang
- 1 Faden Makramee-Garn in Grau, geflochten, ø 5 mm, 4,5 m lang
- 2 Nähfäden in Weiß, je ca. 20 cm lang
- 2 weiße Glocken, ca. ø 3,7 cm, ca. 4 cm lang
- 1 Holz- oder Treibholzstück, ca. 16 cm lang

Größe
ca. 53 cm mit Fransen

Herz-Anhänger

mit Liebe gemacht

Du brauchst

- 10 Fäden Makramee-Garn in Rot oder Rosa, einfach gedreht, ø ca. 3,5 mm, je 1 m lang
- 1 Faden Makramee-Garn in Rot oder Rosa, einfach gedreht, ø ca. 3,5 mm, 1,20 m lang
- 1 Faden Makramee-Garn in Rot oder Rosa, einfach gedreht, ø ca. 3,5 mm, 1,30 m lang (Aufhängung)
- UHU Alleskleber Kraft

Größe
ca. 30 cm x 10 cm

1 Knüpfe am 1,20 m langen Faden mittig 10 Fäden doppelt an (alle Fadenenden sind nun gleich lang).

2 Lass den 1,20 m langen Faden sowie an jeder Seite 2 Fäden hängen und knüpfe aus 4 Fäden je 1 Kreuzknoten. Die Knüpffäden vom Kreuzknoten ziehst du so an, dass sich jeweils eine kleine Spitze formt.

3 Knüpfe versetzt darunter je 2 Kreuzknoten.

4 In der 3. Reihe knüpfst du 4 Kreuzknoten versetzt unter die 2. Reihe.

5 Lege mit dem äußeren Faden an jeder Seite eine Schlinge auf den Leitfaden.

6 Knüpfe eine Reihe aus 5 Kreuzknoten mit je 4 Fäden. Am Rand schlingst du wieder jeweils den äußeren Faden um den Leitfaden.

7 Nun knüpfst du weitere 4 Reihen versetzte Kreuzknoten. Dabei werden am Rand in jeder Reihe die äußeren Fäden nicht mit eingeknüpft, sodass die 4. Reihe nur noch aus einem Kreuzknoten besteht.

8 Lege jeweils den äußeren Faden schräg zur Mitte und knüpfe einen Rippenknoten.

9 Jetzt legst du den Knüpffaden, mit dem du gerade den Rippenknoten geknüpft hast, parallel neben den Leitfaden und knüpfst über diese beiden Fäden den nächsten Rippenknoten. So fortfahren, bis alle Fäden in der Mitte liegen.

10 Drehe das Herz um und lege mit dem längsten Faden eine kleine Schlinge. Umwickle die Schlinge von oben ganz straff mit dem Faden und ziehe diesen durch die Schlinge. Schneide die Fadenenden nach ca. 6 – 12 cm ab und franse sie aus.

11 Oberhalb des 1. Kreuzknotens ziehst du den Faden für die Aufhängung mittig hinter dem Leitfaden durch. Knüpfe ca. 14 Kettknoten und lege an der gegenüberliegenden Herzspitze einen Faden vor und einen Faden hinter den Leitfaden. Auf der Rückseite knotest du einen straffen Kreuzknoten aus den beiden Fäden. Kreuzknoten mit Klebstoff sichern und Fadenenden abschneiden.

BUCHTIPPS FÜR DICH

ISBN 978-3-7358-9084-9

ISBN 978-3-7724-4237-7

ISBN 978-3-7724-6870-4

KREATIV HOTLINE

Hilfestellung zu allen Fragen, die Materialien und Bücher zu kreativen Hobbys betreffen: Wir beraten Sie. Rufen Sie an oder schreiben Sie eine E-Mail!

Telefon: 0711 / 123 757 20*

E-Mail: mail@kreativ-service.info

*normale Telefongebühren

IMPRESSUM

FOTOS: frechverlag GmbH, 70499 Stuttgart; lichtpunkt, Michael Ruder, Stuttgart

AUTORIN: Inge Walz

SCHRITTFOTOS: Alena Täubner

COVERGESTALTUNG: Tatjana Weiss

PRODUKTMANAGEMENT: Nicole Benzinger

LEKTORAT: Cora Friedrich, Nicole Benzinger

8. Auflage 2026

produktsicherheit@frechverlag.de

ISBN: 978-3-7724-4612-2 Best.-Nr. 4612

FSC www.fsc.org MIX Paper from responsible sources FSC® C147812

Penguin Random House Verlagsgruppe FSC® N001967